Le York

François Kiesgen de Richter

Photographies © licences fotolia
Suivi éditorial © François Kiesgen de Richter
Partenaire éditorial © Amazon LTD
Édition 2 017 © Auto Édition François Kiesgen de Richter
contact © romancier45@gmail.com
Copyright © 2 017 François Kiesgen de Richter
Tous les droits réservés
ISBN-13: 978-1979008846
ISBN-10: 1979008841
Marque éditoriale : Independently publishedÉdition
2 017

TABLE DES MATIÈRES

1 INFORMATION

En faisant l'acquisition d'un chiot, vous encouragez le mode d'élevage. Un chiot doit naître et grandir dans le respect de ses besoins physiologiques et psychologiques, qui ne sont ni l'exiguïté, ni le minimum vital en guise de soins et encore moins la brutalité. Les parents du chiot doivent avoir été testés pour les maladies pour lesquelles ils sont prédisposés. Un chiot doit avoir des parents inscrits au LOF, car les accouplements par hasard d'une rencontre ne garantiront jamais les spécificités d'une race. Les éleveurs agréés par les clubs de race garantissent la continuité de la race. Votre choix n'est pas anodin. Avant d'acquérir un York je vous invite à visiter le <u>Yorkshire Terrier Club.</u>

Les origines du Terrier du Yorkshire sont la résultante d'une aventure originale. Il faut rechercher ses ancêtres parmi les différentes races de Terriers comme le Skye, le Cairn, le Clydesdale, le Terrier de Melita, le Bichon maltais, le Cairn terrier, le Dinmont, pour ne citer que les plus connus. Le nom Terrier s'applique aux races de chiens qui d'elles-mêmes, s'introduisent sous terre dans les terriers pour capturer leurs proies.

En Écosse, dans la région qui borde la Clyde, vivaient des communautés d'artisans, de mineurs, de fileurs et de tisseurs. La chasse, était le premier loisir des habitants. Leur compagnon préféré était un petit terrier qu'on appelait Clydesdale, ou Paisley Terrier, en fonction des patois. C'était un chien très affectueux avec ses maîtres, mais très féroce avec les animaux qui vivaient dans des galeries sous terre : taupes, lapins… Il poursuivait ses proies dans les sous-sols et souvent faisait s'écrouler les galeries. De taille, de poids, et de robe, il était très proche de Yorkshire actuel.

Au Yorkshire, qui est le plus grand comté d'Angleterre. l'industrie lainière vivait de nombreux travailleurs qui venaient des filatures de la région de la Clyde en Écosse. Le chien régional du Yorkshire était le Brokenhaired.

Les races locales s'accouplèrent. Ainsi naquit le petit terrier superbe bleu et feu que nous nommons le York. La race fut fixée.

L'exposition canine de Birmingham en 1860, accepta une présentation des « Terriers miniatures », et ils emportèrent l'unanimité. Puis en 1 886 le « Kennel Club » reconnut la race et la baptisa « Yorkshire Terrier ». Le standard officiel sera établi en 1 898.

La domestication du chien est intervenue longtemps avant celle de toutes les autres espèces domestiques actuelles. Elle précède de plusieurs dizaines de milliers d'années la sédentarisation et l'apparition des premières fermes agricoles. Les chiens sont issus du Loup gris (Canis lupus) domestiqué à plusieurs endroits du monde.

L'identité exacte de l'ancêtre du chien a longtemps été un mystère. Des scientifiques subodoraient que les chiens provenaient d'un croisement entre des Loups et des chacals.

Les progrès récents ont finalement permis d'établir que le chien est plus proche génétiquement des sous-espèces actuelles de Canis lupus (Loup gris) avec lequel il partage 99,9 % de son ADN.

En 1997, une comparaison de génome sur 300 échantillons appartenant à la lignée des chiens domestiques actuels et à la lignée des Loups gris, a montré que ces lignées s'étaient séparées il y a 35 000 ans.

La découverte d'une lignée de Loup aujourd'hui éteinte : le Loup Taïmyra est à l'origine de la divergence entre le Loup et le chien. Il y a 27 000 ans la séparation devint totale.

La relation entre humains et canidés sauvages est très ancienne. Des restes de Loups ont été retrouvés en association avec ceux d'hommes il y a 400 000 ans.

Les Chasseurs-Cueilleurs et les Loups avaient plusieurs points communs : ils appartenaient à des espèces sociables, ils partageaient le même habitat et ils se nourrissaient des mêmes proies.

Des études ont montré que les louveteaux capturés tout jeunes et élevés par des hommes s'apprivoisaient et se socialisaient facilement, d'autant plus qu'ils dépendaient de leurs maîtres pour leur alimentation.

Cela n'explique toutefois pas leur domestication, puisque ces louveteaux demeuraient des Loups. Pour cela l'homme fit s'accoupler des Loups domestiqués et commença à en faire l'élevage.

Ainsi naquit le Canis Lupus Familiaris, autrement dit : le nom scientifique de votre chien. Et ce, quelle que soit sa race !

En sélectionnant les Loups et en les croisant en fonction de leurs aptitudes et de leurs physiques : le plus petit avec le plus petit, celui court sur pattes avec son semblable, le museau le plus plat avec un autre museau plus plat, le plus rapide avec le plus rapide, le plus agile avec le plus agile, les poils longs avec les poils longs…

Les races sont apparues, avec des spécificités physiques typiques, des aptitudes particulières, des caractères précis, qui sont décrites avec précision dans un document officiel : le Standard de Race.

Le Pedigree peut être considéré comme le passeport du chien de race pure. On peut remonter jusqu'à quatre générations grâce à ce document. En France, c'est la Société Centrale Canine qui gère et délivre le Pedigree.

Le Pedigree remplace le certificat de naissance et s'obtient après avoir présenté le chien à l'examen de confirmation : entre 12 à 15 mois, selon les races, en général 15 mois.

Lors de cet examen, un juge examine la conformité de votre chien au standard de sa race et l'évalue par rapport aux autres, pour attribuer le CACIB et le CACS. Il n'y a pas d'âge maximum ni d'âge minimum. Les séances de confirmation sont organisées par les Sociétés Canines Régionales lors des expositions canines ou par les Clubs de race. À noter que les confirmations ouvrent un droit d'inscription que vous devez acquitter. Aussi vous devrez envoyer le carnet LOF à la SCC avec le document de validation de la confirmation qui vous est remise sur place. Parfois l'attente de retours du document est longue.

Il y a ensuite des concours ou le chien est attribué à une classe qui va de puppy à vétéran en passant par les classes, intermédiaires, ouvertes, travail, champions, jeunes et meutes. Il existe une classe permettant de faire participer des chiens qui ne concourent pas.

Le meilleur chien pourra prétendre au CACIB (Certificat d'Aptitude au Championnat International de Beauté) de la FCI, ou/et au CACS (Certificat d'Aptitude de Conformité au Standard). Le chien qui a remporté plusieurs CACS et/ou CACIB peut être homologué Champion National de Conformité au Standard ou Champion International de Beauté.

Le Livre des Origines Français regroupe environ 400 races de chiens homologuées par la Fédération Cynologique Internationale.

Le LOF vous donne la certitude du Chiot dont les qualités et les attributs sont ceux de sa race. C'est très important pour un chien polyvalent car vous connaîtrez par avance les caractéristiques du chien et ses comportements prévisibles.

Les chiens de race ont des caractères et des comportements typiques qui font leur charme et leur efficacité. Les caractéristiques physiques et les aptitudes particulières de chaque race sont décrites avec précision dans un document officiel : le Standard de Race. Ce document, émanant du pays d'origine du chien, est la "référence". Il décrit avec précision les différentes parties du corps, les couleurs et natures de robe ainsi que les traits dominants. C'est un appui précieux sur lequel vous pouvez compter.

L'attestation de vente est obligatoire pour un chien LOF. Ce contrat, signé par le vendeur et l'acheteur, doit mentionner : la date de vente, l'identité du chien, son prix, l'adresse des vétérinaires choisis par les parties en cas de litige. Elle précise l'inscription provisoire ou définitive du chien au L. O. F.

Votre vendeur ayant inscrit provisoirement votre chiot au L. O. F. recevra le Certificat de Naissance qu'il devra vous transmettre.

La Puce électronique est obligatoire pour les chiens LOF. L'immatriculation des carnivores domestiques est exigée en France dans un certain nombre de situations : avant la cession (même gratuitement, et même entre particuliers), pour les chiens de plus de 4 mois et au-delà, pour certifier les passages transfrontaliers.

La Puce électronique est également précieuse pour retrouver son compagnon en cas de fugue et pour établir qui est le propriétaire de l'animal.

Pour les maîtres se déplaçant à l'étranger, la puce inclut l'information nécessaire pour identifier le pays d'origine.

De la taille d'un grain de riz, le "transpondeur" ou "puce électronique" est un composant enrobé de verre biocompatible, qui est glissé sous la peau par le vétérinaire, à l'aide d'une forte aiguille. Cet acte médical se réalise, selon le cas, avec ou sans anesthésie.

La lecture s'effectue à l'aide d'un appareil spécifique, promené sur le chien. Le numéro s'inscrit sur un écran à cristaux liquides. Cette vérification sera faite plusieurs fois durant la séance de confirmation, et à chaque fois que vous présenterez le chien chez un nouveau vétérinaire, et en concours de beauté ou de sport canin.

La durabilité de l'implant est supérieure à la durée de vie de l'animal. L'information qu'il contient est infalsifiable. Le numéro attribué est unique et correspond à un seul animal, sans confusion possible. Les coordonnées du détenteur sont centralisées dans le pays d'implantation, auprès d'un organisme agréé par les autorités locales.

Lorsque le chien est déplacé de manière définitive dans un autre pays, son enregistrement doit se faire à nouveau dans le pays d'accueil.

En France, cet enregistrement s'effectue auprès d'un vétérinaire. Les déplacements courts (vacances) ne nécessitent pas de démarche spécifique.

À l'inverse, les travailleurs transfrontaliers et les voyageurs partageant leur temps entre deux pays gagnent à faire enregistrer leur animal à titre complémentaire dans le second pays fréquenté.

L'accès aux renseignements du fichier est autorisé aux vétérinaires, aux membres des forces de l'ordre, aux municipalités et gestionnaires de fourrières.

Le risque existe que le découvreur d'un animal errant n'ait pas l'idée de la présence d'un transpondeur électronique. Cet inconvénient peut aboutir à une adoption spontanée par un particulier (appropriation) ou au placement illégal auprès d'un foyer d'accueil. De tels placements illégaux, peuvent aboutir à retrait du chien.

Certains vétérinaires ne font pas systématiquement la lecture de la puce à chaque première présentation d'un animal dans leurs cabinets. Dans ce cas, il faut éviter ces professionnels, car ils ne font pas bien leur métier.

Lorsque la puce est identifiée fausse ou absente au détour d'une consultation, le vétérinaire doit en informer le détenteur qui a présenté l'animal à sa consultation. Il peut l'aider à retrouver le propriétaire légitime mais sans pouvoir le rechercher lui-même de sa propre initiative.

Les fichiers des différents pays ne sont pas interconnectés. Aussi, les voyageurs se rendant régulièrement dans un même pays étranger ont-ils intérêt à enregistrer à titre complémentaire leur animal dans le fichier de ce pays.

Nous nous avons la chance en France, que n'ont pas d'autres pays européens, de pouvoir utiliser simultanément deux systèmes d'enregistrement : le tatouage et la pose d'une puce électronique. C'est sans aucun doute le meilleur moyen de pouvoir retrouver son animal de manière rapide.

S'il faut choisir, le transpondeur est très largement préférable au tatouage.

Si vous choisissez aussi le tatouage, il faut le faire dès le deuxième mois, à l'occasion du premier vaccin. Le tatouage est pratiqué par un vétérinaire ou par un tatoueur agréé par le Ministère de l'Agriculture. Ce praticien est responsable de la transmission de l'information au Fichier National Canin.

La carte d'identification du chien vous est obligatoirement remise.

Par la suite, en cas de changement adresse, de don, de vente, vous transmettez les modifications à la S.C.C. grâce à la partie détachable de la carte d'identification du chien. Celle-ci vous retournera gratuitement une nouvelle carte. C'est juste un peu long.

À l'examen de confirmation si la marche à l'allure n'est pas correcte, le juge peut également vous demander de faire procéder au contrôle des hanches par radiographie et ajournera votre chien jusqu'au retour du résultat.

Le juge va comparer votre Chien au standard de sa race : mesurer sa hauteur, s'assurer que les dents sont bien placées, que les couleurs des yeux et de la robe sont dans les tons souhaités, que la construction osseuse est conforme, que les testicules sont en place pour les mâles, et que le caractère est équilibré et sympathique.

Pour cet examen le juge doit pouvoir examiner les dents. Il est nécessaire d'habituer votre chien à ce que des étrangers mettent les doigts dans sa bouche.

Si vous avez acheté un " Chien sans papier ", sans doute par manque d'informations, il faut le castrer pour un mâle et la stériliser pour une femelle. Vous pouvez vous lancer dans une tentative de prouver sa race. Les exigences pour obtenir la confirmation sont très complexes.

3 - LE YORKSHIRE TERRIER

C'est un chien d'appartement affectueux, joueur, intelligent, gentil avec les enfants, et qui supporte assez bien la solitude. Il est de santé robuste, et facile à éduquer, mais il réclame une maîtresse avec du caractère.

Car attention, il pourra se montrer hargneux sur un intrus, aussi il ne s'entend pas toujours bien avec les autres animaux et il aime bien être le centre du monde. En conclusion sa maîtresse devra être ferme en termes de respect de la hiérarchie dans la famille.

Comme tous les terriers il se montrera fugueur, et pour certains sujets un collier de périmètre sera nécessaire dans le jardin.

Il ne faudra jamais oublier qu'il a été un chasseur de rats acharné : travail pour lequel il a été sélectionné à son origine.

Il fera un très bon premier chien pour un maître débutant. Il convient à une personne seule. Il est idéal pour des personnes âgées s'il a été parfaitement éduqué.

Le York est très prisé en concours de beauté, dans ce cas il faudra le faire toiletter et demander avant le jour du concours de rassembler ses poils dans des bigoudis pour éviter que sa robe ne se salisse ou ne s'abîme lorsqu'il ira dans le jardin.

L'entretien de sa robe nécessitera beaucoup de soins, si vous concourez en beauté.

Si ne vous souhaitez pas concourir en beauté, il faudra couper légèrement son poil pour qu'il ne touche pas le sol, ce qui facilitera l'entretien de sa robe.

Si vous voulez un York qui corresponde aux critères de la race, il faudra éviter les animaleries, les particuliers, et privilégier les élevages.

Si vous accueillez un York adulte, ou un chiot croisé avec un Yorkshire terrier dans votre foyer, il vous faudra être prudent : l'habit ne fait pas le moine. Le tempérament du York et à l'origine caractériel, et agressif, et c'est son éducation et son environnement qui équilibre un York.

Dans tous les clubs de race, il y a une personne dédiée aux placements des chiens de race, qui ont rencontré une difficulté. Cela vous permet d'avoir un chien race sans investissement.

Si vous prenez la décision d'adopter un York en provenance d'un refuge, il est important de vous renseigner, sur le croisement et le comportement du chien, car c'est très déstabilisateur pour un chien d'être adopté puis ramené. Il faudra plutôt vous adresser aux soigneurs qui connaissent mieux le chien, que les administratifs.

L'insociabilité, l'agressivité vis-à-vis de ses congénères ou de l'homme ne sont pas rares chez le York. L'éducation, l'environnement et l'amour éviteront ces écueils.

Cela peut paraître surprenant, mais il faut absolument éduquer un York ! il en a besoin.

Un Yorkshire répondra par un grognement et une morsure si des enfants lui tirent les poils, ou le martyrise d'une quelconque façon, ou si un adulte lui envoie un coup. Le Yorkshire est facile à vivre, uniquement si son maître a affirmé les règles.

Le caractère primitif du Yorkshire réapparaît dans des situations où il est en présence de petites proies et parfois il fera des trous dans votre jardin. Il sera possible de limiter ce comportement avec une éducation stricte. Dès que le Yorkshire est pris en flagrant délit dans le jardin, il faut faire du bruit et gronder verbalement le chien. Le York qui fait un trou va reproduire ce comportement au même endroit. Vous pouvez mettre un fil avec une clochette à l'endroit du trou, le bruit effrayera le Yorkshire. Je vous invite éviter les produits qui soi-disant éloignent les chiens. Un York comprendra vite et il essayera de trouver d'autre astuce. Nous en parlerons dans les chapitres sur le chiot, car c'est avant six mois que l'éducation se joue.

Le York a besoin d'activité et de ballades, c'est indispensable à son équilibre. Les sorties c'est son « kiff ».

En conclusion l'éducation est primordiale, l'école du chiot est souhaitable, le travail de socialisation est très utile, mais surtout l'amour est essentiel. Les bases acquises, le Yorkshire ne déviera plus, ce sera alors une perle : il aime le calme, les routines, il adore ses maîtres, mais il faut s'occuper de lui. Il est le centre du monde qui l'entoure, il fera tout pour vous être agréable à cette condition : être le centre du monde.

4 – LE STANDARD DE RACE

Le Yorkshire terrier, est parfois nommé : Terrier du Yorkshire, Terrier nain du Yorkshire, Terrier nain à poil long, Toy Terrier du Yorkshire, Yorkie, York. Son origine est de Grande Bretagne. Il est classé dans le groupe 2 des terriers, dans la section IV des terriers d'agrément, son standard est le FCI n° 86 – 03.04.2 012.

Le Yorkshire Terrier est un chien à la structure compacte et harmonieuse, au port dressé qui lui donne un air important. La structure générale est vigoureuse et bien proportionnée. La tête est plutôt petite et plate, avec un crâne pas trop arrondi et un museau pas trop long. Les yeux sont d'une grandeur moyenne, foncés, brillants, découpés de façon à regarder bien en face. Les oreilles sont petites, en forme de « V », portées dressées et recouvertes d'un poil court de couleur marron rougeâtre moins intense. Les membres sont parfaitement droits. La queue, généralement coupée à mi-longueur, est bien garnie de poil et portée un peu plus haut que le dos. Le poil est modérément long sur le corps, il doit être droit et brillant mais aussi fin et soyeux, et ne jamais être laineux au toucher. Le poil est long et retombant sur la tête, à l'attache des oreilles et sur le museau il doit être très long. Le poil pend parfaitement droit et de façon égale de chaque côté, partagé par une raie qui s'étend du nez à l'extrémité de la queue.

Sa couleur est bleu acier foncé de l'occiput à l'attache de la queue, jamais mélangé aux poils fauves, foncés ou couleur bronze. Sur le poitrail, la couleur est marron rougeâtre vif. Tous les poils marron rougeâtre sont plus foncés à la racine qu'à la pointe, en dégradés progressifs. Il mesure de 15 à 25 cm pour un poids de 3,5 kg au maximum pour le mâle et 3 kg au maximum pour la femelle. Son Espérance de vie moyenne est d'environ 14 ans.

Pour les compétiteurs en beauté, qui sont nombreux, je donne les caractéristiques :

Tête et région crâne :

Crâne : Plutôt petit et plat, n'étant ni trop proéminent, ni trop rond.

Région faciale et mâchoire :

Truffe : Noire. Museau : Pas trop long. Mâchoires/dents : Articulé en ciseaux parfaits, régulier et complet, c'est-à-dire que les incisives supérieures recouvrent les inférieures dans un contact étroit et sont implantées bien d'équerre par rapport aux mâchoires. Les dents sont bien disposées et les mâchoires sont d'égale longueur. Yeux : De dimensions moyennes, foncés, étincelants ; ils expriment une vive intelligence ; ils sont disposés de façon à regarder droit devant. Ils ne sont pas proéminents. Le bord des paupières est foncé. Oreilles : Petites, en forme de V, portées droites, pas trop écartées, couvertes d'un poil court ; leur couleur est d'un fauve soutenu et intense.

Cou :

De bonne longueur.

Corps :

Compact. Dos : Droit. Rein : Bien soutenu. Côtes : Modérément cintrées.

Queue :

Auparavant la coutume était d'écourter la queue, heureusement c'est terminé. La queue doit porter un poil abondant, d'un bleu plus foncé que sur le reste du corps, surtout à l'extrémité. La queue est portée un peu plus haut que la ligne du dos. Queue non coupée : Poil abondant, d'un bleu plus foncé que sur le reste du corps, surtout à l'extrémité. La queue est portée un peu plus haut que la ligne du dos. La queue doit être aussi droite que possible. Sa longueur participe à l'équilibre des formes.

Membres antérieurs :

Vue d'ensemble : Bien couverts d'un poil fauve doré intense qui est un petit peu plus clair à l'extrémité qu'à la racine et qui ne s'étend pas plus haut que le coude sur les antérieurs. Épaules : Bien obliques. Avant-bras : Droits. Pieds antérieurs : Ronds ; ongles noirs.

Membres postérieurs :

Vue d'ensemble : Les membres postérieurs sont plutôt droits quand ils sont vus de derrière. Ils sont bien couverts d'un poil fauve doré intense qui est quelques tons plus clair à l'extrémité qu'à la racine et qui ne s'étend pas plus haut que le grasset, sur les postérieurs. Grassets : Modérément en angle. Pieds postérieurs : Ronds. Les ongles sont noirs.

Allures :

Allures dégagées avec une bonne impulsion. Antérieurs et postérieurs, se portent droit devant. En action, la ligne du dessus reste bien droite.

Robe :

Sur le corps, le poil est de longueur modérée, parfaitement droit (et non ondulé), luisant, de texture fine et soyeuse et non laineux ; la longueur du poil ne doit jamais entraver le mouvement. La garniture en tête est longue, d'un fauve doré intense, de couleur plus soutenue sur les côtés de la tête, à la base des oreilles et sur le museau où le poil doit être très long. La couleur fauve de la tête ne doit pas s'étendre jusqu'au cou. Absolument aucun poil sombre ou charbonné ne doit se mêler au poil fauve. Couleur : Bleu acier foncé (et non bleu argenté), s'étendant de l'occiput à la naissance de la queue, jamais mêlé de poils fauves, bronze ou foncés. Sur le poitrail le poil est d'un fauve intense et brillant. Tous les poils fauves sont plus foncés à la racine qu'au milieu et ils deviennent encore plus clairs à l'extrémité.

5 - LA COMMUNICATION

Les signaux d'apaisement sont les canaux utilisés par le chien pour communiquer. Le York est un excellent communicant. Je vous invite à apprendre à l'observer.

Le York bâille pour se calmer lui-même. C'est un chien dynamique et nerveux, et bâiller permet au chien de se détendre. Il ne faudra bien évidemment pas interpréter ce signe pour de la fatigue.

Le York connaît sa force, sa taille, il est provocateur mais dès qu'en face l'adversaire est de taille, il détournera le regard pour signaler qu'il ne veut pas de confrontation. Le York prend aussi cette attitude lorsque vous êtes en colère, agressif et menaçant. Il ne faudra pas lui mettre de la « pression » en vous penchant au-dessus sur lui pour le caresser. Attention un York peut décider de faire face s'il est acculé. Le mieux si votre York détourne le regard, est de le laisser tranquille.

Un York qui renifle le sol avec insistance montre soit l'approche d'un congénère, soit le passage d'un congénère.

Si un York urine et fait un détour, alors que vous le grondez, c'est un signe de peur. Le simple fait de prendre un ton plus enjoué fera cesser ce comportement. Il ne faut pas le punir pour cela.

En général à l'approche d'une personne inconnue ou stressante de par sa posture physique, le York se retourne et se gratte, ou se secoue. Cela sert à son propre apaisement.

Si votre York vient très lentement quand vous l'appelez c'est un signal qui indique qu'il n'aime pas quelque chose et il vous le reproche. Il n'y a aucune agressivité dans ce signal. C'est un code de communication.

Un York fait souvent un détour à l'approche de quelque chose d'inquiétant pour lui, vous devez laisser faire le chien.

Un York à naturellement peur des étrangers de face, son aboiement permet au chien de montrer qu'il n'est pas tranquille, qu'il a quelque chose d'anormal.

S'asseoir et refuser d'obéir, est parfois une réponse du York. Si votre chien s'assied systématiquement lorsque vous lui demandez de vous obéir, il faut impérativement prendre un ton moins menaçant pour interrompre clairement l'agression, le stress ou la peur.

Un York comme tous les petits chiens, tournera le dos à la personne qui le menace pour montrer qu'il n'a aucune intention agressive.

Le York aime se mettre sur le dos en exposant son ventre et sa gorge, les yeux à moitié fermés, le front lisse, ainsi que la queue ramenée sur le ventre, il s'agit d'une attitude de demande de jeux.

Pour avoir une communication avec leur entourage direct, les chiens - notamment le York qui est un excellent communicant - ont un langage essentiellement corporel, à travers lequel ils utilisent la posture du corps entier, les oreilles, la queue, la tête, le regard et les mimiques faciales. En additionnant et en combinant les signes avec lesdites parties de leur corps, ils vont demander un contact social, faire un appel au jeu, reconnaître un supérieur hiérarchique ou encore menacer.

Malheureusement, la plupart des maîtresses interprètent souvent à tort le langage corporel du chien et le comparent aux attitudes humaines. Le fait de pouvoir décoder correctement les messages évitera les incompréhensions. Apprendre à comprendre le langage de votre chien entraîne des sensations nouvelles et des plaisirs insoupçonnés dans votre relation avec votre chien.

Il est très important de toujours garder à l'esprit *qu'il s'agit d'une interprétation du langage du York*, et que chaque chien est différent. L'humilité et le respect sont donc de mise, avant de tirer des conclusions trop hâtives.

6 - LES POSTURES

La posture indique assez précisément l'état émotionnel du chien. C'est important pour sa maîtresse, de savoir si tout va bien chez son York.

Dans la posture de tranquillité, la queue est portée haut, les oreilles sont pointées vers l'avant, le port de tête est haut. Tous ces signes révèlent que votre York est bien psychologiquement.

La queue est raide et immobile, les poils de l'échine dorsale dressés, les oreilles tendues vers l'avant, la gueule est entrouverte laissant apparaître les crocs, tous les signes indiquent que le chien est agressif.

La queue est basse, les oreilles couchées, est une attitude typique du York qui menace mais qui manque d'assurance. Il a peur. Même un York peut mordre.

Dans la posture de complète de soumission, la tête est basse, les oreilles sont légèrement couchées, la queue est baissée. Le York est penaud, il faudra lever la punition.

La petite boule de poils, c'est tout beau, tout mignon. Êtes-vous sûrs de votre choix ? Un York c'est pour 12 à 14 ans de vie commune avec votre compagnon.

Vous devez visiter le site du club de la race. Le **Yorkshire Terrier Club** est le seul club de race officiellement reconnu par la Société Centrale canine. S'il y a une portée elle sera annoncée sur le site. Et seul les élevages sérieux qui se conforment à l'orientation du club de race, sont référencés.

Une fois repéré une portée, il vous faudra observer les cotations des géniteurs de l'éleveur sur le site de la race dans l'onglet « nos manifestations » puis dans l'onglet « cotations ». Il est préférable de choisir de parents avec la note « excellent ». La note de cotation ne garantira pas que votre futur chiot gagnera tous les concours plus tard. Vous prendrez rendez-vous avec l'élevage. Il ne faudra pas décider avant, et surtout pas par téléphone.

Lors de la première visite de l'élevage, il faudra faire confiance à votre instinct. Pour choisir votre chiot il y a le test comportemental élaboré par le psychologue William Campbell à la fin des années soixante, et qui a été créé pour prévoir les tendances comportementales des chiots soumis aux ordres et à la domination (physique et sociale) de l'homme. Je conseille de faire absolument ce test pour le York, s'il y a des bébés dans votre entourage.

Le test de Campbell permet d'aider un acquéreur potentiel à choisir, à l'intérieur d'une portée, le sujet le plus adapté au milieu et à la famille dans lesquels il est appelé à vivre.

Le test de Campbell est très utile si l'on n'attend pas d'autres résultats que ceux prévus à l'origine par ce test : ce n'est ni un test d'intelligence ni un test d'aptitude, et l'on ne peut donc pas considérer qu'il va nous fournir des indications allant dans ce sens.

Dans quelques cas seulement, avec des races au caractère très particulier – comme le Chow-Chow –, le test de Campbell ne donne pas de résultats fiables.

Le test se fait entre quarante à cinquante jours, il dure une demi-heure. Vous choisirez un lieu isolé et tranquille, n'offrant aucune distraction, et clos. Il doit y avoir une entrée parfaitement identifiable. Il est indispensable que ce lieu, situé à l'extérieur ou à l'intérieur, soit absolument inconnu du chiot.

Le futur propriétaire du chiot doit demander à exécuter le test lui-même.

Si l'éleveur vous dit qu'il a déjà soumis la portée au test, demandez-lui gentiment l'autorisation de le refaire vous-

même. S'il refuse, à vous de juger l'éleveur. Sûrement sa notoriété est surfaite. Méfiez-vous des éleveurs qui refusent, ce n'est pas eux qui payent les pots cassés.

Vous prenez vous-même le chiot que vous envisagez et vous le conduisez dans une zone choisie pour le test. Cette zone est évidemment convenue avec l'éleveur.

Vous ne devez pas parler au chiot, ni l'encourager, ni le caresser. Si le chiot fait ses besoins pendant le test, ignorez la chose et ne nettoyez l'endroit que quand le chiot sera parti.

Attraction sociale : Posez délicatement le chiot au centre de la zone de test et éloignez-vous de quelques mètres dans la direction opposée à celle de l'entrée. Accroupissez-vous ou asseyez-vous en tailleur et tapez doucement dans vos mains pour attirer le chiot, il doit vous rejoindre.

Aptitude à suivre : Partez d'un point situé à proximité du chiot et, éloignez-vous du chiot en marchant normalement. Le chiot doit vous suivre tout de suite.

Réponse à la contrainte : Accroupissez-vous, retournez délicatement le chiot sur le dos et maintenez-le dans cette position pendant 30 secondes environ en laissant votre main sur sa poitrine. Le chien se rebelle puis se calme et vous lèche.

Dominance sociale : Baissez-vous et caressez doucement le chiot en partant de la tête et en continuant par le cou et le dos. Le chiot se retourne et vous lèche les mains.

Dominance par élévation : Prenez le chiot sous le ventre en croisant vos doigts, les paumes des mains vers le haut. Soulevez-le légèrement du sol et maintenez-le ainsi pendant 30 secondes environ. Le chiot se rebelle puis se calme et vous lèche les mains.

Le test complet est modulable, en fonction des réponses, je vous ai donné les meilleures réponses du chiot.

Certains chiots ont tendance à réagir d'une façon agressive et pourraient même mordre. Ils ne conviennent pas à une famille avec des enfants ou des personnes âgées, car ils ont trop de caractère et sont à réserver à un maître averti qui veut faire de l'activité canine.

Certains chiots ont tendance à se faire valoir, sans toutefois atteindre des excès. Ils ne sont pas recommandés dans les familles où vivent déjà des enfants en bas âge ou d'autres chiens du même sexe.

Certains chiots, sont extrêmement soumis, et devront recevoir beaucoup de douceur et de gratifications pour avoir confiance en eux et parvenir à s'adapter le mieux possible au milieu humain. Ils cohabiteront difficilement avec des enfants.

À vous de situer le chiot en fonction du test. Le chiot a répondu comme je vous l'ai indiqué, il est complètement équilibré et pourra s'adapter partout, même s'il y a des enfants ou des personnes âgées. Il a un degré élevé de docilité.

Comprenez que nous n'appréhendons pas la dominance qui est un facteur lié à la meute, mais bien la docilité et donc la facilité d'éducation.

Maintenant vous pouvez réserver votre bébé chiot. Vous poserez une option ferme et vous donnerez un acompte.

Il ne faut pas croire qu'un York n'a pas de caractère.

8 - L'ARRIVÉE DU CHIOT

Avant de voyager, vous avez réglé les dernières formalités, et vous avez été particulièrement attentifs aux vaccinations. Vous avez un carnet de santé, un livret des origines familiales, un carnet de vaccinations et une facture.

Pour votre voyage, sachez que le chiot York est un être fragile qui va pour la première fois vivre ce qui est pour lui un drame. Alors soyez compréhensifs envers votre chiot.

Vous ferez une halte par heure. Vous avez de l'eau, une gamelle, du papier absorbant, deux serviettes, et une vieille chemise à vous.

Pourquoi vous demandez-vous ? Eh bien la chemise va beaucoup servir plus tard car elle sera imprégnée de votre odeur, et deviendra un repère pour votre York.

Lorsque le chiot entre à la maison, il faut qu'il trouve un coin prêt pour lui. Il aura un panier avec un tapis moelleux. S'il vous plaît éviter l'osier car le York va déchiqueter et engloutir des morceaux. Vous aurez prévu deux écuelles si possible en acier et des jouets. Il devra y avoir deux types de jouets, pour s'amuser, et pour travailler.

Ne donnez pas de jouets en mousse ou en plastique que le York va détruire et dont il avalera des morceaux. Je préconise une balle ronde, une balle ovale et une barre en élastomère. Je ne suis pas sponsorisé, alors je m'autorise à vous conseiller la marque Kong qui est à mon sens la plus résistante et qui est ajourée pour mettre des friandises dans les jouets. Je renouvelle peu les jouets de mes quatre chiens en privilégiant la résistance.

Il ne faudra pas donner de suite ses jouets à votre York. Vous devrez attendre au minimum trois jours avant de jouer avec lui. Ensuite vous pourrez en laisser à la disposition du chiot.

Les jouets de travail sont réservés pour l'apprentissage avec le chien. Cette procédure est la base de l'éducation du chien.

Votre York en arrivant va devoir s'habituer à son chez lui et à sa nouvelle famille. Soyez patients, laissez le prendre ses marques. Vous devrez attendre que votre chien soit en sécurité et se sente protégé avant de le solliciter.

À son arrivée, vous allez d'abord continuer les câlins, et doucement laisser le York explorer sa nouvelle maison. À ce moment-là, il y aura peut-être un besoin urgent et vous devrez faire comme si de rien n'était. S'il vous plaît ne montrez pas au chien que vous nettoyez, ne marquez pas le moment des besoins sinon vous augmenterez le temps que le York mettra à être propre.

Si vous avez un jardin, vous pourrez anticiper le moment du besoin urgent. Votre York sera très vite propre.

Votre York fourrera son museau partout, laissez-le faire pour qu'il puisse se familiariser avec son milieu. Comme il va à un moment faire une bêtise, votre première leçon d'éducation va commencer.

Vous devez savoir dire « NON » et de façon sèche. C'est très important. Surtout pour un

York.

Ne vous inquiétez pas, si vous devez répéter. Pendant les deux premières semaines, c'est juste un « NON » que vous répéterez autant de fois que nécessaire. Surtout il ne doit pas y avoir de punition.

Ne vous précipitez pas au moindre gémissement de votre York, sous peine d'en faire un mauvais comportement. Le chien vit sa vie, vous vivez la vôtre. Ce n'est pas le chien qui décide.

Éviter l'accident en apprenant à bien soulever votre York. Vous mettez une main sur sa poitrine, et l'autre main sous les fesses.

Après une semaine vous ne direz « NON » que deux fois. Si votre York continue, vous n'insisterez pas. Vous changerez de stratégie. Il ne faut pas crier. Il ne faut jamais toucher le chien pour le contraindre.

Vous allez associer l'ordre « NON » à un bruit. J'utilise une bouteille d'eau en plastique remplie de petits cailloux et bien bouchonnée. Vous lancerez la bouteille à droite ou à gauche du chien en donnant sèchement l'ordre « Non ». S'il vous plaît ce n'est pas un jouet mais un outil d'éducation, alors ne donnez pas la bouteille au chiot. Je dis à droite ou à gauche et suffisamment loin de lui. C'est juste fait pour détourner son attention. L'erreur sera de toucher votre York avec la bouteille car vous le rendriez peureux.

Votre York devra rester une semaine dans sa maison avec sa famille. Il ne devra pas rester seul car il serait désorienté et stressé. Et malheureusement votre chiot répondra à sa façon à son déséquilibre. Il ne faut pas sortir avec votre York pour l'instant, car son système immunitaire est inexistant pour l'instant.

Après une semaine, sortez et laissez le chien seul chez vous cinq minutes puis revenez. Félicitez-le, votre York il est resté tranquille : il sera content de vous revoir. S'il a fait un besoin, ou une bêtise, faite comme si de rien n'était. Vous pourrez diminuer le temps, et mettre trois minutes. En général nous commençons par cinq minutes, puis dix minutes, faites-le tous les jours, et augmentez la durée. Le chien n'a pas la notion du temps. Mais, il a peur de l'abandon. Alors transformez la notion d'abandon en attente positive.

À partir de deux semaines chez vous votre York devra sortir et là aussi vous devrez respecter une procédure. Pour sa première sortie le chien portera avec une laisse et un collier en cuir et surtout pas de collier étrangleur et encore moins de collier électronique.

Vous maîtrisez le premier commandement qui est le « Non ». Vous allez travailler l'ordre « Au pied ». Vous vous rendez dans un endroit calme et vous allez apprendre à votre York à marcher à côté de vous. Commencez par mettre votre chien à votre gauche, puis commandez « nom de votre chien - au pied » et avancez la jambe gauche. Le mousqueton doit tomber librement, le chien doit avoir les épaules au niveau de votre genou. Votre York doit vous suivre mais pas vous devancer. Surtout allez-y doucement, vous ne corrigez pas le chien, vous lui apprenez. Ne vous inquiétez pas, il comprend. Votre York est en apprentissage. Soyez compréhensifs. Avez-vous appris immédiatement ?

Pour l'instant limitez-vous à l'apprentissage de la marche en laisse. Il faut que votre ordre soit toujours le même, « nom de votre chien - au pied » et vous ramenez le chien en bonne position. J'ai dit délicatement car c'est un chiot. Mais il a le droit de sortir, et en tout cas il ne doit pas apprendre un mauvais comportement. Vous avez remarqué que nous avons commencé tôt l'éducation, c'est très important pour un York.

Les sorties devront être progressives en durée et en complexité. N'exposez pas votre York au centre-ville un samedi aux heures de pointe.

Commencez par des balades en campagne, puis en ville dans un endroit protégé du trafic, puis petit à petit exposez le chien.

Tôt ou tard votre York aura peur. S'il vous plaît n'ancrez surtout pas ce comportement. Faites comme si de rien n'était et continuez à marcher. Il ne faut jamais féliciter un York pour un comportement inadéquat. C'est une race qui comprend très vite, et il en abusera.

Je vous résume ma méthode pour le York : l'ancrage et le renforcement positif. Rien d'autre.

Quand on désire un peu de tranquillité à la maison, on peut utiliser un enclos pour chiot. Votre York doit avoir un repère, c'est son panier. Il doit de lui-même s'habituer à s'y rendre. C'est son coin.

Vous pouvez aussi avoir une cage de transport. Il faut l'y habituer dès son plus jeune âge, en le mettant dedans. Votre York peut devenir un projectile, alors n'oubliez pas de le protéger en voiture.

Pour amener le chien à utiliser son panier puis à accepter sa cage de transport, il faut y placer au début un os à mâcher, ou de la panse à mordiller, ou des oreilles à lécher, et aussi son jouet préféré mais surtout la chemise qui a été utilisée pour l'arrivée du chien et qui porte votre odeur.

L'ancrage olfactif est une façon de rassurer votre York. Vous voulez l'habituer à rester seul un moment dans la voiture, à l'hôtel, chez des proches, chez des amis, il faudra utiliser l'ancrage olfactif pour que votre York reste serein. Bien entendu l'apprentissage est obligatoire, c'est de l'immersion puis de la répétition. Donc apprenez au chien, puis répétez.

Prenez votre temps, le chien apprend très vite, mais ce n'est pas un robot et parfois il fait son caractère. Dans ce dernier cas restez gagnants en n'insistant pas.

Un York ne devra jamais être dérangé lorsqu'il se trouvera dans son coin. C'est indispensable pour l'équilibre, car ne l'oubliez jamais c'est terrier et il a du gène.

Votre York doit avoir à boire en permanence. Lorsque je me déplace je pense à amener de l'eau pour le chien. Un chien boit beaucoup, et de l'eau saine et propre.

Le chiot mange à heure fixe une ration prévue et si possible une alimentation de qualité. Il a 20 minutes, puis vous enlevez la gamelle. J'utilise personnellement des croquettes bios. Ne donnez pas en dehors du repas.

Pour les friandises, vous devez comprendre qu'elles sont nécessaires à l'éducation de votre York et plus tard du chien. Je me répète il faut travailler en renforcement positif. Donc la récompense est un outil d'éducation. Seulement la récompense est calorique. J'utilise du cœur de bœuf qui est une friandise sans gluten, sans sucre, sans sel.

Il est important de commencer très jeune à habituer votre York aux soins quotidiens : oreilles, yeux, brossage…

Vous pouvez croire que votre York est équipé de piles longue durée, mais il a besoin de beaucoup de repos pour grandir. C'est important de ne pas confondre vitesse et précipitation, dans l'éducation de votre York.

Les chiots adorent jouer, mais ont besoin de beaucoup de siestes entre les jeux et les repas.

Ne faites pas jouer votre York immédiatement après les repas car il risquerait une torsion d'estomac ce qui serait mortel si elle n'est pas soignée immédiatement.

9 - LA PROPRETTE DU CHIOT

Pour votre York, la propreté signifie naturellement de ne pas faire sur les lieux de couchage et de nourriture. Le chiot doit donc comprendre la propreté autrement.

Pour faciliter l'apprentissage vous devez respecter quelques règles.

Vous devez distribuer la nourriture à heure fixe et jamais le soir tard.

Vous devez laisser manger votre York seul au calme et lui retirerez sa gamelle au bout de vingt minutes. Qu'elle soit vide ou pas.

Toujours lui laisser de l'eau propre disponible.

Sachant que le chiot se soulage après l'ingestion de nourriture, sortez-le juste après avoir mangé, mais ne le faites pas courir.

Un chiot dort beaucoup, il va donc se reposer de nombreuses heures et souhaite se soulager presque automatiquement à son réveil. Sortez-le juste après le repos.

Un York de 8 semaines ne peut pas se retenir plus d'une heure ou 2 dans la journée, 3 ou 4 heures la nuit, donc soyez patients. Vous pouvez compter les heures et sortir le chien. Je vous assure que cela fonctionne très bien, si vous sortez votre York après les repas, après les siestes, après les séances de jeux, le soir avant le coucher et le matin dès le jour et les premiers bruits. Le chien va vite comprendre, et viendra vous alerter.

Il ne faudra pas attendre de votre York une réelle capacité à se retenir plusieurs heures avant l'âge de 6 mois.

Vous devez sortir le chien trois fois par jour au minimum.

Le chiot parfois va naturellement se soulager dans la maison, surtout ne le punissez pas. Mais n'ancrez pas ce mauvais comportement. Faite comme si de rien n'était.

Sortir votre York souvent et dès son plus jeune âge est une évidence.

Au début choisissez de le conduire en laisse dans des endroits tranquilles et propres.

Les endroits bruyants, très fréquentés de gens et de congénères sont à proscrire avant ses six mois. Et même si votre York dispose d'un jardin, cela ne dispense surtout pas de le sortir dans la campagne.

Enfin pas de fixation sur la propreté, elle viendra entre six et huit mois.

À partir de sa huitième semaine, le chiot peut de manière légale quitter l'endroit où il est né. Il va falloir qu'il découvre sa nouvelle « maison » et poursuive l'apprentissage de la vie, de ce qui l'attend dans les mois et années à venir.

Des expériences nouvelles sont indispensables à votre York pour acquérir un équilibre comportemental satisfaisant à l'âge adulte, cette confrontation avec le monde qui l'entoure devant se réaliser dans de bonnes conditions (absence d'éléments anxiogènes).

Votre York a grandi aux côtés de sa mère qui s'est occupée de lui inculquer quelques règles. Dans le meilleur des cas, il était aussi entouré de frères et sœurs avec lesquelles il a pu échanger, jouer et apprendre aussi le partage. S'il a vécu à la campagne et qu'il se retrouve en ville – ou inversement – cela constitue un premier grand changement dans sa vie.

De nouveaux bruits, puis un nouvel environnement, les premiers jours, cela fait beaucoup d'un seul coup ! C'est pour cela qu'il convient de l'accueillir avec un certain calme.

Votre York doit une semaine après son arrivée être manipulé régulièrement mais précautionneusement, et confronté en douceur et de manière progressive aux différents bruits de la vie courante, il sera plus rapidement à l'aise.

Ensuite, il devra être confronté aux bruits, de la télévision, de la radio, de l'aspirateur, du balai que l'on passe non loin de son museau, aux voisins dans l'escalier ou le jardin, aux visites d'amis.

Le chien vacciné, vous devez sortir le plus possible sans craindre pour sa santé. C'est essentiel.

Apprenez-lui progressivement à s'habituer à tous les bruits, et à tous les lieux. Ces petites incursions alors qu'il est tout jeune lui éviteront de nombreux problèmes plus tard dans sa vie. Et surtout, surtout un York doit croiser des gens. Arrêtez-vous, serrer des mains et habituez-le aux enfants de la rue qui veulent le complimenter. Ainsi vous n'aurez pas un York aboyeur à tout va.

Tordons le cou encore à une idée reçue, le chien ne devrait jamais être caressé par des étrangers, pour préserver son instinct de garde. Pas de chance c'est exactement l'inverse. Il faut le socialiser. Les chiots devraient être présentés à des enfants de tous les âges, s'il n'y en a pas dans la maison, trouvez-en. Par contre, il doit toujours y avoir un adulte qui supervise lorsque les enfants sont avec le chiot de manière à ce que les jeux ne deviennent pas trop houleux et que le York ait une expérience négative.

Si le chiot fait mal à l'adulte, le gros chien trouvera une manière d'arrêter le petit, soit avec un grondement soit avec un aboiement. Stoppez immédiatement votre chiot. Ces conseils sont essentiels pour l'éducation. Éduquer un York en l'habituant aux autres chiens est essentiel. Une des meilleures manières d'apprendre les bonnes manières canines est de permettre à votre York de rencontrer des chiens adultes. Les chiens adultes font attention aux chiots, c'est leur nature. Exposez le chiot progressivement à des congénères adultes, et s'il y a agressivité vous devez stopper immédiatement le chiot.

Apprenez à votre York à accepter d'être manipulé par d'autres que vous dès son plus jeune âge. Donnez une petite récompense au chiot pour avoir permis ceci. De cette manière, les chiots apprendront qu'être manipulés par tout un tas de gens est une expérience agréable et en concours le juge saura apprécier. Pour les obligations de pension, il faudra que le York soit présenté à l'accueillant et progressivement immergé, ne mettez pas votre York en pension avant son éducation complète c'est-à-dire dix-huit mois. Si possible vous devez confier le chien à des proches connus du chien. Je sais, faire garder son chien est une contrainte, pensez-y avant et choisissez une personne de confiance et averti. Les traumatismes psychologiques liés au sentiment d'abandon sont très forts chez le York. La solution c'est un ami connu du chien, avec qui vous préparerez la transition progressivement, voilà c'est ce que je fais.

Le jeu permet au chien de se distraire et de partager avec son maître. L'éducation se fait toujours par le jeu. Vous devrez vous assurer que l'animal se sert correctement des jouets, non pour les détruire, mais pour jouer. Au moment des poussées dentaires vous donnerez des jouets spécifiques à mordiller.

Il y a deux sortes de jouets, les uns pour que le chien s'amuse tout seul, les autres pour que vous qui dirigez le jeu.

L'idéal est de posséder, des balles ajourées ou vous pouvez glisser une friandise.

Vous prenez une balle au bout d'une ficelle. Vous lancez la balle, et vous laissez le chien s'en emparer. Vous donnez l'ordre de rapporter. Vous donnez l'ordre de donner la balle. Votre York adorera.

Pour développer la concentration du York, lors du lancer de balle, vous pouvez faire semblant de lancer, et observez le chien : au début il anticipe et la balle reste dans votre main, après plusieurs exercices il fixe votre main et n'anticipe plus, et c'est parfait car il fixe votre main et se concentre ensuite sur le jet de balle et la trajectoire. C'est un excellent jeu pour la concentration. Je vous recommande ce jeu car il prépare très bien le chien à la précision qui lui sera demandé en sport canin, ou il ne faudra pas anticiper mais observer et être sûr.

Il faut terminer les jeux de manière agréable, le chien doit avoir sa récompense après le retour au calme, vous pouvez utiliser l'ordre « calme ». Si vous jouez jusqu'à ce que le chien n'ait plus envie, le chien vous proposera un refus. Si vous jouez et vous laissez le chien s'exciter, il faudra crier pour stopper le jeu, le chien enregistrera que l'obéissance est liée aux cris. Vous devez rester maître de la situation.

Il faut que votre chien s'amuse, et apprenne en même temps, mais sans trop s'agiter. Il faut communiquer avec le chien et être observateur : sa posture vous montre s'il commence à s'énerver. Parfois votre chien devient trop brusque, il faut stopper le jeu.

Lorsque vous êtes chez vous, après le jeu, le jouet est rangé après avoir montré la cachette, ainsi le chien pourra demander à jouer en se positionnant devant la cachette. Il ne faut pas accepter que le chien saute, aboie ou réclame, vous donnez l'ordre « non ».

Un deuxième exercice pour entraîner la concentration de votre chien est de proposer un jouet sous forme de corde à nœuds, au niveau de votre poitrine. Si votre chien le regarde, attendez qu'il le fixe bien, puis proposez-lui de prendre un bout et vous tirez doucement sur l'autre, vous devrez toujours accroître la durée d'observation par l'animal. Il y a un double travail dans ce jeu : d'une part la concentration, d'autre part la confiance dans sa maîtresse. À ce jeu le chien ne doit pas gagner à la fin. Il y a aussi les jeux qui développent l'intelligence, comme le jeu de la balle jaune et de la balle rouge. Vous prenez une balle jaune, et une balle rouge. Vous insérez une friandise dans la balle jaune. Vous trouverez des balles et des jouets prévus pour insérer de la nourriture. Vous posez les balles à cinquante centimètres du chien et, dès qu'il s'en approche et pousse du nez la balle jaune vous annoncez : « Balle jaune » et vous récompensez le chien. Vous devez répéter 10 fois la procédure. Ensuite vous demandez : « Balle jaune » avant que le chien ne se déplace vers les balles. Dès que le chien maîtrise le rapport de la balle jaune, vous enlevez la friandise de la balle jaune et vous mettez dans la balle rouge. Une fois l'exercice maîtrisé, vous allez travailler la discrimination. Vous placerez les deux balles avec chacune des friandises et vous demandez au chien « Balle jaune » ou « balle rouge ». S'il rapporte la bonne balle jaune, il est récompensé ; s'il rapporte la mauvaise balle il n'est pas récompensé. Vous lui donnez, bien entendu, le droit à l'erreur en disant « essaye » et vous recommencez. Il faut travailler la procédure jusqu'à ce que le chien ne se trompe plus. Ensuite, ajoutez un troisième objet, puis un quatrième, etc.

N'oubliez pas de répéter les conditionnements quotidiennement au début de l'apprentissage.

Des personnes me disent, que leur York est incapable de faire des jeux aussi sophistiqués. Balivernes, car le York est un chien de cirque et il adore cela. Il faut juste commencer très tôt, jouer chaque jour, et conditionner votre York en ne changeant jamais les règles du jeu.

12 - LE COMPORTEMENT

Pour être un maître averti je pense qu'il vous faut de bonnes bases en comportementalisme canin.

Nos chiens s'ennuient et souffrent d'un manque d'activité. Dormir, boire, manger, être caressé, sortir en laisse pour une petite promenade résume la vie de beaucoup de nos Yorks.

Les quatre premiers mois de sa vie le chien est un chiot. Jusqu'à l'âge de six mois le chien est juvénile. À partir de six mois et jusqu'à 12 mois le chien est un jeune chien adulte. Le comportement de votre chien évolue pendant les différentes phases de sa vie. Les chiots sont enthousiastes, et les jeunes chiens très fougueux. À partir de l'âge de quatre mois, lut York gagne en indépendance et s'affirme, le maître devra être juste et ferme sans autoritarisme. Lorsque le York atteint la puberté il se mue souvent en intrépide, il faut continuer à le faire travailler et il faudra encore plus le féliciter à chaque étape de son éducation.

La compréhension du chien se fonde sur le langage corporel de l'homme, et pas sur les mots, ce qui peut entraîner des difficultés de communication. Si vous êtes détendu, le chien le sera également. Si vous êtes irrités, voire nerveux, vous provoquerez chez le chien une réaction de doute ce qui l'empêchera de travailler et d'être à l'écoute. Il agira par peur que votre humeur soit contre lui.

Nos chiens vivent des émotions, et ont des sentiments. Nous ne pouvons pas savoir exactement ce que ressent notre York, mais nous pouvons l'appréhender, si le rapport que nous avons établi avec notre York est de confiance et de connivence. En observant notre York nous pourrons apprendre, tester puis anticiper. Le chien respecte notre autorité pour que nous assurions sa sécurité et son alimentation. Il ne faut pas essayer de guérir un chien de l'une des deux maladies du maître : l'autoritarisme ou la faiblesse.

Des chiens qui ont tous les droits, comme s'ils s'agissaient de princes développent des problèmes de comportement liés aux manques de repères et aux manques de limites.

Il y a une méthode simple et efficace pour communiquer avec son chien. C'est par la connaissance que tout commence, par la pratique qu'il faut poursuivre, et c'est l'entraînement qui forge l'expérience.Les comportements chaotiques et psychotiques, sont essentiellement liés à ces deux modes de communication avec le chien : autoritarisme et laisser faire. Les comportementalistes, parlent d'« Hyper » pour un chien qui tend vers l'hyperactivité et qui est agressif par crainte, et d'« Hypo », pour un chien timide, peureux, qui refuse l'activité. Les situations de stress amènent des comportements en réponse qui sont souvent la destruction, et l'agressivité chez un York. Plus rarement le York développera des névroses et des pathologies psychosomatiques.

Mon chien écoute ! Quel maître n'a pas cet objectif ? Oui seulement un York est un terrier et pas un chien de troupeau.

Avec son chien, le maître doit adapter son code de communication : il ne s'agit pas d'expliquer au chien ce qu'il doit faire pour qu'il le fasse. La base est de garder à l'esprit que même un chien bien éduqué ne répond à un ordre que s'il en a envie ! La plupart des chiens seront désobéissants face à une odeur qui les intéresse, la présence d'un congénère, la présence d'une autre personne, et bien évidemment la présence d'une femelle en chasse pour un mâle. Il faut rechercher les situations ou le chien à une tendance à refuser d'écouter, pour l'exposer et travailler calmement et patiemment.

Une bonne éducation c'est le chien qui réalise de lui-même l'action désirée, de manière fiable et reproductible, dans le plus de situations diverses et complexes possibles. Il n'en faut pas attendre cela d'un York ce n'est pas un chien un chien de berger. Un York ne vous écoute que s'il n'est pas distrait, il faut donc l'habituer lorsqu'il est distrait à ce que vous soyez plus intéressant pour lui que l'objet de sa distraction. Le besoin du York de communiquer avec son maître doit être impérativement cultivé et encourager. Il est essentiel qu'un chien est confiance dans son maître afin de se comporter de manière prévisible, détendue et amicale. Les sautes d'humeur, les cris, les mesures punitives et la modification constante des méthodes d'éducation notamment l'éducation avec plusieurs personnes à la maison, vont désorienter un York. Le maître interprète souvent comme une marque d'entêtement quand le chien tourne la tête et cherche à s'extraire d'une situation, et le maître finit par perdre patience. Le York observe son maître qui perd patience, et intensifie de plus belle ses tentatives de communication et d'apaisement. Le chien prend alors ses distances et tente encore plus d'échapper à la situation. Mais son maître y voit encore un signe d'insoumission et s'énerve. Le chien est stressé et la situation risque de s'aggraver. L'ennemi du maître est le stress de vouloir aller trop vite. Pour débuter son éducation, vous commencerez par intégrer de petits exercices dans son quotidien. Il faut commencer par l'« assis », et l'intégrer comme ordre de base avant de manger, de sortir, d'aller se reposer, de monter dans la voiture. Les bases du premier ordre qui est l'« assis » acquises, vous pourrez continuer. Mais l'ordre assis est indispensable ainsi que le rappel. Votre York peut apprendre tous les ordres, mais le rassis et le rappel sont pour vous et pour lui une sécurité.

Pour le chiot la notion de travail n'existe pas, par contre il est très sensible au conditionnement et il faudra être attentif à répéter l'apprentissage au quotidien dans le maximum de situations différentes possibles.

Il ne faut jamais toucher le chien pour le contraindre. Ce n'est pas une question de taille ou de poids mais de caractère. Un York peut mal interpréter une action ou un ordre, où être un jour mal luné. J'entends par toucher, vouloir imposer à un chien une position.

Le niveau d'exigence de l'éducation doit être progressif, pour ne pas être une source de frustration, pour le York.

Il ne faut pas crier. Le chien perçoit les ultrasons, donc il vous entend même si vous parlez à voix basse. Surtout la modulation de voix est un outil pédagogique. Vous devez vous forcer à parler normalement. Dans l'extrême urgence nous utiliserons un ordre crié et ce sera l'objet d'une éducation.

Il faut souligner que la construction mentale d'un jeune York est comme une éponge prête à absorber des millions d'informations qui seraient difficilement reçues par un chien adulte. Respectez cette règle pour le chiot : il faut travailler souvent mais pas longtemps. Surtout le travail pour le chiot est basé sur le jeu et le plaisir.

Le chien doit savoir d'instinct qui commande, à qui il peut se fier, qui il peut suivre et avec qui il peut tout simplement jouer. Il est préférable pour le socialiser de passer par un club, ainsi le chien partagera avec d'autres chiens et vous avec d'autres maîtres ou maîtresses.

Les gestes pour éduquer votre York ne doivent pas être brusques, pour ne pas prêter à confusion et ne pas faire peur au chiot. Un mot doit induire un comportement pour le chien. Il faut faire apprendre, faire répéter, puis faire associer le comportement à une attitude globale au quotidien. Il s'agit de trois phases différentes.

<u>Marche aux pieds avec la laisse :</u>
Quand un York tire sur sa laisse, il se met aux avant-postes pour renifler un emplacement particulièrement apprécié, rejoindre un camarade de jeu, faire en fait quelque chose à sa convenance. Le maître doit refuser. Il faut vous arrêter, puis attendre un peu et donner l'ordre « non ».

<u>Positions Assis, couché, debout :</u>
Une friandise aide à apprendre à s'asseoir, à se coucher et à se mettre debout. Au début, vous dites l'ordre quand le chien entame la position souhaitée puis vous faites un geste adéquat par exemple main vers le haut pour le debout, vers le bas pour le coucher et horizontale pour l'ordre assis. Vous terminez chaque exercice avec un signal de fin de cours (par exemple : va jouer). Et n'oubliez jamais la friandise en fin d'exercice pour le chiot. Par contre la caresse c'est toujours, dès que c'est bien exécuté.

Pour travailler l'ordre assis, vous prenez une friandise dans la main et tenez-la de manière à ce que le chien puisse la sentir et la lécher, mais pas la manger. Vous allez doucement déplacer la friandise de son museau vers le dessus de sa tête. Le chien va alors commencer à s'asseoir pour être plus à l'aise et suivre la friandise des yeux. Dès que l'arrière-train touche le sol, donnez la friandise. Pour travailler l'ordre couché, il ne faut pas partir de la position assise, mais de la position debout. Vous déplacez une friandise en partant devant le museau du chien et en allant vers le sol. Le York suivra votre mouvement. Vous devez uniquement lui donner la friandise quand il est couché. Vous pouvez placer une friandise sous une chaise ou une table suffisamment basse pour que le chien se couche pour manger la friandise.

Souvenez-vous au début il ne faut pas donner l'ordre tant que le chien ne s'apprête pas à prendre la position souhaitée.

Pour Travailler l'ordre debout, le chien est au coucher, vous tenez une friandise devant le museau et vous éloignez lentement votre main en suivant une ligne parallèle au sol et dès que le chien lève les pattes arrière pour se mettre debout, à ce moment-là vous offrez la friandise.

<u>Au pied :</u>
Le York a besoin de liberté, si vous le pouvez il faut lui apprendre à évoluer libre. Dans de nombreuses situations lorsque vous vous promenez, il faut rappeler votre York. Prenez l'habitude de donner l'ordre « au pied » régulièrement. Faites preuve de patience, il faut absolument obtenir la collaboration de l'animal. Si vous réalisez cet exercice avec la laisse il y a de fortes chances pour que vous ne puissiez jamais le réaliser le chien en liberté sans laisse. L'ordre « au pied », doit se travailler lors de toutes les sorties. Dès le départ de votre balade, lorsque vous décidez d'enlever la laisse, vous demanderez plusieurs fois l'ordre « au

pied ». La récompense sera de pouvoir laisser le chien se balader un moment librement. Bien entendu, le chien doit rester sous votre contrôle notamment s'il y a un manque de visibilité, s'il y a le moindre risque et si vous croisez d'autres promeneurs avec ou sans chien. La règle est de mettre votre chien au pied puis en laisse dès que vous croisez d'autres personnes avec ou sans chien. Si le chien déroge à la règle de rappel au pied il doit être immédiatement mis en laisse pour une période d'au moins de 10 minutes. Au bout de cette période vous refaites un test, si le chien déroge à la règle du rappel au pied, le reste de la balade se fera en laisse.

Non :

« Non » est un ordre signifiant « tu peux abandonner tout de suite, je te l'interdis ». Une éducation digne de ce nom et qui vise à avoir un chien facile à vivre suppose que vous consacriez du temps à cet ordre. Bien entendu, vous pouvez choisir un autre mot que « non », l'important sera d'y associer un geste et un signal sonore. Pour le geste et le signal sonore il vous faut faire très attention à éviter toute confusion involontaire avec un autre ordre. Pour le premier exercice munissez-vous d'une récompense, tenez votre York en laisse, placer la récompense de manière à ce que l'animal puisse la voir et la sentir, mais pas l'atteindre. Au moment où le chien tire sur la laisse pour tenter d'attraper la récompense, vous donnez l'ordre « non », une seule fois. Ensuite, vous restez silencieux. À cet instant le chien va-t-il essayer, de désobéir ? Vous devez alors absolument rester sur place et ne pas cédez il faut rester silencieux et détourner le regard. Le chien va avoir l'envie de désobéir. La tentation augmentera et l'exercice sera intéressant. Vous devez répéter l'ordre « non » au bout d'une minute. Puis vous augmenterez le temps. Pendant vos promenades, vous devez régulièrement en fonction de l'attitude du York vérifier la compréhension de l'ordre « non ». Lors de son éducation, l'ordre « non » indique au chien l'interdiction.

Le rappel :

Un chien sur ordre qui fait demi-tour sans hésitation alors qu'il est fortement distrait par l'environnement et qui revient rapidement vers son maître a un excellent rappel. C'est seulement dans ces conditions que vous pourrez lâcher votre York. Le principe fondamental du rappel est de ne rappeler le chien que si vous êtes sûr qu'il viendra. Pour obtenir ce résultat avec votre chien, il faut commencer par apprendre l'ordre « au pied » et le chien à moins de 2 m de vous vous donnez l'ordre « au pied ». Le rappel ne doit laisser aucune place à une prise de décision du chien, il doit induire uniquement une réaction immédiate. Il ne faut pas vous attarder sur le fait de savoir si votre chien va obéir. Vous devez répéter chaque jour, et savoir que ce n'est jamais acquis. Lors des ballades, vous devez tester votre chien. C'est négatif vous mettez le chien laisse. Un York respectera vite le code : la liberté est en échange du rappel immédiat. Le secret du rappel est d'être travaillé quotidiennement. Le risque zéro n'existe pas. Lorsque des chiens se rencontrent, le meilleur moyen de désamorcer une situation tendue consiste à poursuivre sa route rapidement et de manière décontractée. Si vous restez sur place, vous favorisez le début d'une dispute toujours possible. Si les chiens en arrivent à cette extrémité, les deux propriétaires doivent s'éloigner l'un de l'autre dans des directions opposées. Cette option n'est possible que lorsque les deux propriétaires sont conscients de l'obéissance de leurs animaux. Une règle absolue et qu'un chien qui en provoque un autre est immédiatement stoppé par son maître qui s'excuse d'un ton amical et courtois. Un York est de petite taille, mais c'est un terrier qui peut être provocateur. Éduquez-le c'est indispensable.

15 - LE TAN

Si vous préparez votre York pour le présenter au test d'aptitude naturelle, vous aurez un formidable chien de compagnie. Le TAN n'est pas réservé qu'aux grands chiens.

Le TAN est présenté à 9 mois révolus. Les propriétaires des sujets présentés doivent être en possession du LOF. Le TAN sera obligatoire pour les titres de champions de beauté.

Amabilité

Le chien, mis sur une table doit se laisser examiner et manipuler rapidement par le testeur, sans intervention du propriétaire : contrôle du tatouage à l'oreille ou à la cuisse ou contrôle du numéro d'insert, contrôle de la dentition (nota : les qualités de la dentition ne sont pas prises en compte). Le terrier sera palpé et pris dans les bras du testeur. Il doit être calme, sans crainte, ni agressivité. Une légère inquiétude est permise. Agressivité ou ne se laisse pas examiner 0 point.

Sociabilité

Le chien mis en présence de ses congénères sera calme et sociable, tout en étant attentif à son environnement : le chien tenu en laisse, le maître serrera la main du juge. Puis chaque sujet, tenu en laisse, effectuera un parcours en marchant à un mètre de la ligne des chiens en attente puis reviendra en serpentant entre les chiens en attente. Un intérêt amical est permis envers les autres chiens. Refus de marche et/ou agressivité 0 point.

Équilibre psychologique

Les chiens, 5 au maximum, sont placés sur une ligne face au testeur. Ce dernier, distant des Yorks de quelques mètres, fera entendre un bruit sonore de la vie de tous les jours, après avoir attiré l'attention des chiens. Les chiens pourront marquer un léger recul. Cette opération est répétée une seconde fois, après que les chiens aient changé de place. Expression de panique 0 point.

Pour préparer votre yak, il faudra le présenter à l'école du chiot dans le club canin le plus proche de chez-vous. Après l'éducation de base, vous pourrez avec un éducateur préparez votre York au TAN. Mais il est possible d'éduquer soi-même son York. Il suffit d'avoir les bases, de la patience, du temps et d'aimer votre York.

L'examen est satisfaisant lorsque la note générale obtenue est égale à six points. Dans ce cas, le juge remet la feuille d'examen datée et signée au propriétaire. Le TAN, une fois obtenu, est acquis définitivement. Le TAN refusé ne peut plus être repassé. Le TAN est attribué à un chien équilibré, sociable et doté d'un comportement serein.

16 - LA RÉCOMPENSE

Il est d'usage de récompenser un chien mais il ne faut pas vous transformer en donneur de croquettes. Ce n'est pas parce que l'on souhaite féliciter et récompenser son York que cela signifie forcément que le chien aura une friandise à manger.

Votre objectif sera que la félicitation et la caresse, soient aussi des récompenses.

À l'intérieur, parfois le chien préférera sortir avec vous, plutôt qu'une félicitation, ou qu'une caresse.

À l'extérieur, le chien est actif et cherche plus à rester dehors un peu plus longtemps et à humer les odeurs, plutôt que d'être récompenser par une caresse.

Les félicitations renforceront votre relation avec votre chien, elles seront cryptées comme une émotion positive. Votre chien recherchera la félicitation pour l'émotion positive qu'il en retire.

Le chien ne pourra faire le rapprochement avec l'action souhaitée que si vous le récompensez environ une seconde après l'action. Il faut utiliser avec subtilités la récompense pour toujours faire progresser le York.

Il ne faudra pas la donner de récompense si le York manifeste trop de fougue, sinon vous renforcerez l'excitation du chien un peu plus après chaque exercice.

17 - L'ACTIVITÉ

L'activité générale du York doit être aussi bien physique qu'intellectuelle. Votre York a besoin d'activité. C'est une question dosage. Chaque année, des chiens se perdent. Alors pour la sécurité émotionnelle des propriétaires, et afin d'éviter que votre York parte sans revenir, la longe, est de rigueur. Les propriétaires s'angoissent à l'idée de lâcher leur chien. Ils ont tort, il suffit d'une bonne éducation. Le chien reviendra plus facilement à chaque rappel si c'est travaillé tous les jours, il s'en ira de moins en moins loin, et il restera à une distance contrôlable. Un York doit courir, et être parfois en liberté.

<u>Activités avec le maître</u>

<u>La ballade :</u>

À condition qu'elle soit un peu rapide, et que le York bénéficie de moment d liberté sans laisse, ce qui exige une éducation, c'est la plus connue et la plus pratique.

<u>La nage :</u>

Tous les chiens peuvent nager. Et nager est une activité fatigante qui aide à la coordination de tous les muscles du chien.

18 - L'ALIMENTATION

Privilégié la qualité de nourriture c'est profiter d'un York en bonne santé. Vous devez nourrir votre chiot 2 fois par jour. Si le repas n'est pas consommé au bout de vingt minutes, il faudra retirer la gamelle. La ration du chien doit être distribuée aux mêmes heures et au même endroit en le faisant manger seul dans un lieu isolé et calme de la maison, et toujours après ses maîtres.

L'eau est très importante, elle doit toujours être disponible. En cas de consommation excessive il faut consulter son vétérinaire.

Il faut aussi refuser le grignotage entre les repas. Les York manifestent rapidement des problèmes récurrents d'embonpoint s'ils ne font pas assez d'exercice. Il est essentiel d'adapter le régime alimentaire aux habitudes de vie de votre chien. La facilité pour nourrir un chien est l'aliment industriel sec. L'alimentation industrielle met à la disposition des possesseurs de chiens des spécialités adaptées au poids, à la taille et à l'âge du chien. Elle propose également des aliments correspondant au niveau d'activité physique de chaque chien et à son état de santé.

19 - L'HYGIÈNE DU CHIEN

<u>Les oreilles :</u> vérifiez régulièrement la propreté des oreilles de votre York. En cas de besoin il faut les nettoyer avec une lotion adaptée en utilisant une "lingette" ou du coton. N'utilisez jamais de coton-tige, vous pourriez blesser votre chien en cas de mouvement brusque de sa part et de toute façon vous ne feriez que tasser les saletés dans le fond du conduit.

<u>Les yeux :</u> nettoyez-les régulièrement avec une lotion spéciale. Tout écoulement anormal doit être immédiatement signalé à votre vétérinaire.

<u>Les dents :</u> surveillez attentivement l'état d'entartrage des dents. Le tartre est responsable de problèmes graves tels que le déchaussement précoce, la mauvaise haleine, les abcès dentaires. Pendant la croissance de votre chien vérifiez régulièrement sa dentition : ses dents de lait vont tomber lorsqu'il aura environ 4 mois. Cela peut passer de façon inaperçue car il va en avaler une grosse partie. En cas de doute sur le changement de dents de votre chiot, demandez conseil à votre vétérinaire.

<u>Les griffes :</u> en principe elles doivent s'user régulièrement avec la marche sur sol dur.

<u>Bain :</u> vous pouvez baigner votre chiot York 8 jours après le premier rappel de vaccins. Utilisez toujours un shampooing spécial chien et prenez soin de bien le sécher après, faites attention au sèche-cheveux qui peut lui brûler la peau. Idéalement, l'eau du bain doit être tiède. N'abusez pas des bains. Des lavages trop fréquents peuvent être nocifs. En effet, le bain élimine la couche de sébum sur la peau du York et c'est cette substance huileuse qui le protège contre la pluie et le froid. La fréquence de lavage peut varier entre les Yorks vivants dehors à la campagne (tous les 2 mois) et ceux en appartement (tous les 6 mois).

Il est important de commencer très jeune à habituer votre York à tous ces soins.

Votre York est abattu, il manque d'entrain, il n'est pas joyeux de partir en balade, sa gamelle ne le motive plus, ses jouets le laissent insensible, un seul de ses signes est un signe de malaise manifeste.

Il y a lieu de faire preuve de calme et discernement pour décider d'une visite chez le vétérinaire en urgence. Il vous faut avoir le réflexe de prendre la température de notre chien, les normales se situant autour de 38°5. En dessous de 37°5 ou au-dessus de 39°5, mieux vaut vous rendre chez un vétérinaire. Ensuite il faut examiner votre York.

En été, vous devez être très vigilant, au coup de chaleur. La respiration devient rapide, les halètements sont sonores et la démarche est chancelante.

Un York dont les urines deviennent foncées, peut faire penser à une piroplasmose transmise par une tique infectée.

Un York qui boîte nécessite un contrôle des coussinets d'abord puis des membres ensuite pour vérifier s'il n'y a pas une entorse ou une fracture.

Enfin, votre York vit étroitement avec vous, et il ressent les tracas de son maître, et ses contrariétés et il pourra développer des maladies somatiques.

La maturité sexuelle du York se produit autour du septième mois chez le mâle, et entre sept et dix mois chez la femelle. Par contre, le chien peut manifester des désirs sexuels dès l'âge de sept semaines, sous forme de jeux où l'accouplement est simulé. La femelle connaît des périodes de chaleurs ou œstraux, en général, tous les six mois. Ces périodes se produisent au printemps et à l'automne ; elles correspondent à l'ovulation et dure de 15 à 20 jours.

Lors de copulation, un bulbe sur le pénis du chien se gorgera de sang. Le chien ne pourra se séparer de la femelle tant qu'il ne se désengorgera pas, cela peut prendre de 15 à 20 minutes. Attention, il est très important de ne pas tenter de séparation sous aucun prétexte cela risquerait de déchirer le vagin de la femelle.

La contraception de la chienne :

De nombreuses personnes ont aujourd'hui encore du mal à prendre la décision de faire stériliser leur chienne York. Pourtant, si vous ne désirez pas faire un élevage, c'est la meilleure solution pour éviter à votre animal de nombreux problèmes de santé. Il faut savoir que la contraception par piqûres ou par comprimés n'est pas la solution optimale, si vous ne souhaitez pas que votre chienne ait une portée. Il est conseillé de faire stériliser votre chienne York entre les premières et deuxièmes chaleurs. Vous pouvez également opter pour la ligature des trompes. Mais sachez que cette intervention ne supprime pas les chaleurs. Votre chienne ne pourra simplement pas avoir de petits.

La contraception du York mâle :

S'il n'est jamais en présence d'une femelle en chaleur, un York n'éprouvera pas le besoin de se reproduire. Le York est un terrier qui devient terrible s'il détecte une femelle en chasse. Le York sera alors surexcité. L'idéal est de faire castrer votre York vers l'âge de 6 ou 7 mois, c'est-à-dire avant la puberté.

22 - LA VIEILLESSE

Graduellement moins beau, moins actif, moins présent, le York âgé est plus fragile qu'un jeune adulte et doit donc faire l'objet d'observations et d'attentions toutes particulières.

Vous devez l'observer se déplacer et il faudra le palper régulièrement, pour noter tout changement ainsi vous pourrez reconnaître et anticiper des déficiences liées au vieillissement.

L'allongement du temps de repos et de sommeil, est normal, et ne devra donc pas être une inquiétude.

Mais lentement le York peut venir à souffrir dans sa locomotion, s'essouffler, mal entendre ou mal voir.

La dégénérescence entraîne et accompagne progressivement des troubles de l'humeur et du comportement.

Les signes du 3e âge se voient donc sur le plan physique, psychologique et comportemental.

Maintenir son vieil animal en vie dans le confort jusqu'à sa mort, c'est formidable. C'est cela être un maître responsable.

Veiller à lui ménager une place de repos plus moelleuse et plus au calme, car tout en gardant le contact avec la vie de famille, l'animal a besoin de plus longues périodes de sommeil. Sans le reléguer, il faut le protéger notamment de l'agitation.

La perte d'appétit ou au contraire la boulimie, l'incontinence nocturne, des constipations en alternance avec des diarrhées sont autant de points de repère de l'affaiblissement des fonctions vitales de l'organisme de l'animal. À ce stade, il fait échanger avec le vétérinaire.

Eh ! Oui, ils vieillissent ! ils ont alors besoin de nous. Soyons présents. Aidons-les. Alors je vais vous donner des trucs :

Certains facteurs influent sur la longévité de nos chiens. Le code génétique bien sûr, mais spécialement tout le soin que l'on a pris d'eux dès leur jeune âge, pour leur assurer une bonne condition physique et psychique (l'une n'allant pas sans l'autre).

23 - UN BON ÉLEVAGE

L'éleveur doit être agréé par le <u>Yorkshire Terrier Club</u>, et vous proposer des reproductrices et des reproducteurs de hautes lignées qui auront été testés et auront participé à des concours de nationale d'élevage avec une notation « excellent ».

Avant la première maternité, l'éleveur doit avoir fait radiographier les hanches des reproducteurs et fait coter les clichés par la commission du club de race, qui délivrera à l'éleveur le certificat officiel de cotation. Un test ADN des reproducteurs aura été réalisé, avec une vérification de paternité mais aussi une recherche des tares oculaires sur les reproducteurs. L'éleveur d'accepter de vous laisser faite le test de Campbell si vous le demandez.

L'âge idéal pour l'achat d'un chiot se situe entre 8 et 9 semaines. Il doit avoir sa puce, et son tatouage si possible. Il aura reçu une primo-vaccination pour les 3 maladies garanties par la loi : Maladie de Carré, Parvovirose et Hépatite.

L'éleveur doit vous remettre

une attestation de vente,

un carnet de vaccination avec les timbres des premières injections et les dates des premières vermifugeassions,

un certificat de naissance,

un dossier d'identification,

un Lof ou un pré Lof

les copies des certificats de dépistages et des tests sur les géniteurs

Et s'il est vraiment professionnel, il vous remettra un sachet des croquettes utilisées par l'élevage pour éviter un changement brutal de nourriture. Et il vous donnera les premiers conseils de base,

N'oubliez pas de faire vacciner votre chiot à partir de 4 mois avec un rappel chaque année.

24 - ADRESSES UTILES

Yorkshire Terrier Club
331 rue chopin 01000 ST DENIS LES BOURG.
Contact : pierrette.e@orange.fr Tél. 04 74 32 04 07

Le code de la propriété intellectuelle n'autorisant, aux termes de l'article L. 122 — 5, 2 ° et 3 ° a, d'une part, que les « copies ou reproductions strictement réservées à l'usage privé du copiste et non destinées à son utilisation collective » et, d'autre part, que les analyses et les courtes citations dans un but d'exemple et d'illustration, « toute représentation ou reproduction intégrale ou partielle faite sans le consentement de l'auteur ou des ayants droit ou ayant cause est illicite » (art. L. 122-4). Cette représentation ou reproduction, par quelque procédé que ce soit, constituerait donc une contrefaçon sanctionnée par les articles L. 335-2 et suivant du Code de la propriété intellectuelle.

Le droit d'auteur français est le droit des créateurs. Le principe de la protection du droit d'auteur est posé par l'article L. 111-1 du code de la propriété intellectuelle (CPI) qui dispose que « l'auteur d'une œuvre de l'esprit jouit sur cette œuvre, du seul fait de sa création, d'un droit de propriété incorporelle exclusif et opposable à tous. Ce droit comporte des attributs d'ordre intellectuel et moral ainsi que des attributs d'ordre patrimonial ».